KIRCHBERG ET BRUNNSÉE.

IMP. D'ÉD. PROUX ET Cⁱᵉ, RUE NEUVE-DES-BONS-ENFANS, 3.

KIRCHBERG

ET

BRUNNSÉE.

PAR

Le Vicomte d'Arlincourt.

Paris.

Chez tous les Libraires,

ET AUX BUREAUX DE LA MODE,
Rue Taitbout, 28,

—

1842.

AVANT-PROPOS DE L'ÉDITEUR.

—

Le vif et prodigieux intérêt qu'a excité dans le monde la lecture des chapitres de *Kirchberg* et de *Brunnsée*, nous a déterminés à solliciter du vicomte d'Arlincourt la permission de les extraire de son livre : *le Pèlerin*, et de les publier à part, pour satisfaire au désir général. L'auteur du *Solitaire* s'est rendu à nos vœux, et ces fragmens détachés ne feront que donner plus de vogue encore aux trois volumes d'où ils sortent.

M. le vicomte d'Arlincourt partit de Paris, le printemps dernier, pour les contrées du Nord, se dirigea d'abord vers la Hollande, et le premier souverain qui l'accueillit, ce fut le roi des Pays-Bas. Il l'avait rencontré peu auparavant à Waals près d'Aix-la-Chapelle, au milieu d'une fête populaire, qu'il a décrite ainsi :

« Une foule immense entourait Sa Majesté. Elle était sans escorte et sans gardes. Le roi saluait chacun d'un air joyeux, parlait à tous d'une voix émue, et je ne pus m'empêcher de remarquer combien il ressemblait peu à ces majestés élues par les nationalités révolutionnaires, qui ne peuvent se présenter à l'enthousiaste affection de leurs peuples, que derrière

» un rempart de baïonnettes intelligentes,
» et au fond d'une voiture-forteresse à l'é-
» preuve des balles patriotiques. »

De la Hollande, où M. d'Arlincourt avait excité les plus vives sympathies parmi toutes les classes de la société, il se rendit en Allemagne. Il remonta le Rhin jusqu'à Schaffouse, parcourut les montagnes du Tyrol, arriva aux bains d'Ischel, en repartit pour Vienne, et recueillit partout le long de sa route une foule d'anecdotes, de légendes, de drames et de chroniques; jamais voyage ne fut plus poétique et plus singulier. Ecoutons l'écrivain lui-même :

« Errant de palais en palais, à la façon
» des anciens troubadours, je parcourus
» ainsi l'Allemagne en anachronisme vivant.
» J'allais contant fabliaux et chroniques,
» devisant de guerre et d'amour, prêchant

» fidélité *à Dieu et au roi*; trouvant écho
» à mes accens de chevalerie, et, au foyer
» des princes du jour, fêté en barde des
» vieux âges. »

Voici les chapitres de Kirchberg et de Brunnsée.

KIRCHBERG.

CHAPITRE I.

—

KIRCHBERG.

Je touchais enfin au moment tant désiré où j'allais revoir l'auguste famille royale. Je savais que monseigneur le duc de Bordeaux était en voie de guérison complète ; et, me dirigeant vers Kirchberg, je ne faisais aucune attention, cette fois, aux tableaux qui se déroulaient devant moi le long de ma route. Je n'étais plus aux beautés de la nature, mais au sentiment profond qui absorbait mon âme; et, semblable aux marins qui, après une longue traversée, n'ont d'autre cri que *terre! terre!* je n'avais qu'un nom sur les lèvres : *Kirchberg! Kirchberg!*

J'étais sur le bateau à vapeur *la Sophie*. On me montrait avec enthousiasme les belles rives du Danube. *Bersenberg*, les ruines de *Weidenech*, l'abbaye de *Melk*, et le monastère de *Gothwein* (1), m'étaient successivement apparu; et j'étais resté froid devant eux. « *Voici Durrenstain!* me dit un passager, en m'indiquant du doigt un château en ruines sur la crête d'un rocher : *la prison de Richard Cœur-de-Lion!* » Ces paroles me réveillèrent. *Là*, un noble prince, en exil, pleurait son pays et son trône. Je songeai à tout ce qu'il devait y avoir eu *là* de douleurs. Hélas! et j'approchais de *Kirchberg*.

« — *O Richard! O mon roi!* » murmu-

(1) C'est un des plus beaux monumens religieux qui existent.

rai-je tout bas, l'œil fixé sur *Durrenstain*.

Il n'y avait personne auprès de moi qui pût s'étonner de ce poétique souvenir et en condamner l'expression. J'étais sur un sol monarchique.

Débarqué à *Crems*, je pris la poste ; et bientôt, aux battemens de mon cœur, je sentis que j'arrivais au but de mon pèlerinage. J'allais donc les revoir ces augustes exilés, vers lesquels se portent tant de regards, qu'escortent tant de souvenirs, tant de regrets ! Que mon dernier trajet me parut long ! et pourtant le pays avait du charme. Je n'étais pas entouré là, comme en Belgique, d'usines et de mécaniques ; je ne voyais fumer nulle part les cheminées du commerce et de l'industrie ; le ciel ne se chargeait point des vapeurs pestilentielles du locomotif et du wagon ; l'air ne retentissait, ni matin ni soir, du bruit des marteaux et des roues : les champs étaient couverts de paisibles cultivateurs dont l'existence n'était nullement torturée par l'avide fureur des spéculations; les bestiaux paissaient tranquillement dans de gras pâturages; l'atmosphère était pure d'exhalaisons mercantiles et méphitiques; et le chant lointain du pâtre troublait seul, avec harmonie, le silence des solitudes.

A chaque pas il se rencontrait un monument religieux : tantôt un christ dans la pierre d'un rocher; tantôt une madone dans le tronc d'un vieil arbre; ici l'ermitage d'un saint; là une chapelle au Seigneur; partout un appel à la foi; et, devant tous ces symboles de piété, chacun passait le front découvert, faisant le signe du chrétien. Ah! quoi que puisse en dire l'incrédule, est-il rien de plus touchant que ces marques de dévotion qui, d'un pôle à l'autre, vous font reconnaître vos frères, vous empreignent du même sceau, vous rangent aux mêmes bannières, et, seuls, sans mensonge et sans fraude, établissent l'*égalité!* car rien n'est petit, sur la terre, devant celui auprès de qui rien n'est grand.

La nuit s'étendait sur la plaine. J'aperçus, à travers les ombres, un vaste bâtiment devant moi. Il y brillait quelques lumières. Ce n'étaient pas celles des Tuileries : c'étaient les flambeaux de l'exil.

Le lendemain matin je me rendis auprès de l'auguste fils de Charles X. Instruit de mon arrivée, il m'attendait, dans le salon du château, entouré des officiers de sa maison. La noble captive du Temple et S. A. R. *Mademoiselle*, assises autour d'une table ronde, travaillaient à des ouvrages de tapisserie. A côté d'elles étaient la duchesse de Blacas, la duchesse de Lévis, la marquise de Nicolaï et la comtesse de Montagnac. Tout était simple et sans éclat dans ce royal appartement de Kirchberg ; et cependant il y régnait je ne sais quoi d'imposant et de solennel qui saisissait l'esprit et le cœur. J'ai vu des rois dans leur splendeur et des conquérans dans leurs triomphes : près d'eux j'ai salué la toute-puissance. J'ai vu nos Bourbons dans l'exil, et les héritiers de saint Louis dans l'affliction : près d'eux, j'ai salué la vraie gloire.

Oh ! c'est que le malheur non mérité, les coups de la fortune supportés avec l'héroïsme de la résignation, ont leur sublime, comme les prospérités et la victoire ; mais les grands succès n'éblouissent que l'imagination : les grandes vertus frappent l'âme.

En septembre 1830, alors que le vieux roi qui venait de doter son pays d'une conquête immortelle, allait demandant l'hospitalité au manoir isolé des *Weld*, pour les futures destinées du monde, j'étais sous les murs de *Lulworth*. Hélas ! et je venais de voir ma malheureuse patrie, soi-disant affranchie, prête à s'intituler au hasard, comme jadis, *Convention*, *République*, *Directoire*, *Consulat*, *Empire*, et à se montrer, de nouveau, sans forme précise, comme tout ce qui est sans vérité positive, sans dignité réelle, comme tout ce qui est sans force légitime ; despotique et brutale enfin, comme tout ce qui est passager et transitoire. J'avais fui Paris, le laboratoire des essais politiques, avec la conviction que ceux qui se tenaient alors humblement courbés devant le peuple en lui balbutiant : « *Ordonne !* » se releveraient insolemment et lui crieraient un jour : « *Obéis !* »

Ennemi des révolutions, j'étais resté fidèle à mon drapeau, et je suivais la loi de mes pères. « — *La liberté !* me criait-on. — *Soit*, répondais-je aux vainqueurs. Mais d'abord, laissez-moi la mienne. On n'impose point les croyances. *La liberté* de conscience est la première de toutes ; c'est une possession de l'âme ; et dans ce sanctuaire sacré, nul ne peut porter son regard et sa pensée sans violer le droit d'asile. »

Plus de dix ans s'étaient passés depuis mon pèlerinage à Lulworth. Avec quel bonheur je revoyais les augustes descendans de saint Louis !… Mais il y manquait le vieux roi, celui qui reçut mes sermens, qui fit tant d'heureux! tant d'ingrats! et je comprimai un soupir. *Louis-Antoine* vint à moi. De la manière la plus gracieuse, il m'entretint de mes voyages et me parla de mes écrits ; je lui apportais, de la part des plus hautes illustrations de l'Allemagne, une foule de témoignages d'intérêt; car, dans tous les lieux où j'avais passé, l'accident funeste arrivé au duc de Bordeaux ayant fait éclater des manifestations unanimes de vive sympathie, avait eu ceci de providentiel qu'elle avait fait connaître à la fois, au prince et à l'Europe, combien la vie d'Henri de France était chère et précieuse. Je me trouvais donc chargé de transmettre à Kirchberg l'expression de bien des pensées, et cette expression était forte.

J'étais assis auprès de l'admirable princesse que le malheur a faite si grande, et la résignation si sublime : elle et tout ce qui l'environnait portaient ce cachet de simplicité royale et de sérénité chrétienne qui sied si bien à l'élévation de son âme. *Marie-Thérèse, dans l'exil*, est une de ces images hors de ligne devant lesquelles toutes les opinions se prosternent avec admiration et respect ; car jamais nul front ne porta plus haut, dans les voies immortelles d'une adversité sans mesure, le glorieux bandeau des souffrances.

Dans sa demeure point de luxe : mais que le dénûment y a de grandeur ! Le pèlerin qui, comme moi, y vient saluer l'infortune, ne peut s'empêcher de se rappeler, au modeste toit de Kirchberg, que les plus belles résidences de l'Europe appartenaient jadis à ceux devant lesquels il se courbe en soupirant. Oh ! qu'ils me paraissaient splendides, à moi, ces appartemens sans pompe et sans appareil où je voyais rayonner la véritable royauté, celle que donnent les vertus ; celle que dispensent les cieux !…

Ils n'avaient pas songé, ces nobles princes, alors que leur souriait la fortune, à se préparer des trésors à l'étranger pour des époques de désastres. Ne descendant ni à de bas calculs ni à de lâches prévisions, ils auraient cru outrager la France en se défiant de l'avenir. Leur superflu et quelquefois même leur nécessaire passaient aux malheureux qui se pressaient autour d'eux. Ils auraient rougi de dérober, au profit de l'ostentation, la moindre chose de cette énorme partie de leurs revenus qu'ils regardaient comme le patrimoine du pauvre. Aussi, eux-mêmes sont pauvres à leur tour devant la terre ; mais qu'ils sont riches devant Dieu !

Mes regards se portaient sur S. A. R. *Mademoiselle* avec un indicible intérêt. Sa charmante figure n'aurait pas eu besoin, pour plaire et captiver, du prestige de la naissance et de la grandeur. Il me semblait que la Providence avait déjà comblé la jeune princesse de trop de faveurs pour ne lui en avoir pas mis en réserve de plus brillantes encore. Plus tard, au salon de Kirch-

berg, je me disais le soir en la regardant :
« Oh! qu'un diadême irait bien à ce front
si gracieux et si angélique! Serait-elle plus
jolie, pourtant, que sous sa couronne de
roses! »

Je montai à l'appartement de Mgr. le
duc de Bordeaux. Le prince était couché sur
son lit. Je m'approchais avec une doulou-
reuse inquiétude : il souleva sa tête à ma
vue, et toutes mes alarmes cessèrent. Sa
physionomie expressive, son visage serein,
son regard franc, son aimable sourire, tout
en lui avait la fraîcheur de la jeunesse, et
cet éclat, reflet de l'âme, que ses adversai-
res ont nommé eux-mêmes : *le sceau de la
prédestination*. Je ne pouvais remarquer
ce que, d'après l'opinion générale, il a de
particulièrement distingué : son port noble
et majestueux; mais il ne s'en offrait pas
moins entouré de prestiges. On sentait auprès de lui une voix intérieure, une in-
fluence secrète qui vous disait : *De hautes
destinées sont là*. On était entré le cœur

oppressé, on ressortait l'âme contente.

Je ne m'étendrai pas sur le récit de son déplorable accident. Qui n'en a connu les détails ! Qui ne sait le courage héroïque avec lequel, au moment de la catastrophe, il dissimulait ses angoisses et leur présentait un visage impassible, pour calmer l'effroi général ! Sa force d'âme le sauva. Cette force presque surhumaine imposa aux progrès du mal : ils s'arrêtèrent dominés. La fièvre, qui eût dû s'emparer de sa proie et la dévorer, recula devant ce cœur si grand, cette pensée si mâle et ce sang si pur !....
Il était alors écrit, sans doute, que dans la vie de celui, qui fut salué, à sa miraculeuse naissance, du beau nom d'*Enfant de l'Europe*, il y aurait un prodige de plus : ce ne sera sans doute pas le dernier.

Quo d'attrait dans son entretien ! Pour plaire, il n'a qu'à se montrer ; pour charmer, qu'à se faire entendre. Il s'élance dans la carrière avec la foi de saint Louis, la bravoure de François Ier, la générosité de

Louis XII et la franchise de Henri IV. Ce noble descendant de soixante rois, n'a ni fiel dans la pensée, ni ressentimens dans le souvenir. Pas un nom ne lui semble hostile, pas une faute irrémissible. Pas un mal ne lui paraît incurable, pas une inimitié invincible. Puis : quel ardent amour pour la France ! elle est sa pensée de toutes les heures, le point de mire de toutes ses études. Il sait si bien ce qu'il doit être ! Il sera ce qu'il faut qu'il soit.

M. le duc de Lévis m'avait fait part du désir qu'avait témoigné MARIE-THÉRÈSE, d'entendre le soir, au salon, quelques fragmens de mon voyage en Allemagne. « — *Et moi*, me dit l'auguste malade : *je voudrais aussi mes lectures.* » L'aimable ordre qu'un pareil vœu ! ce jour même, après le dîner, je lus : *les chevaliers du Vert-Bouc* (1).

(1) Ils sont au chapitre III, tome 1er, du *Pèlerin*.

Plusieurs étrangers de distinction se trouvaient à Kirchberg : entre autres le duc de Rohan, le marquis et la marquise de Béthisy, les comtes de Gontaut et de Durfort, etc. La veille, et plusieurs jours auparavant, étaient repartis pour la France le duc et le marquis de Rauzan, le duc et la duchesse de Rivière, le vicomte et la vicomtesse de Laitre, le marquis et la marquise de Crénay, le vicomte Edouard Walsh, les comtes de Faucigny, de Chastellux, de Beaumont et de Cossé. A chaque instant il arrivait des noms royalistes et fidèles. Le comte et la comtesse Fernand de la Ferronnays étaient attendus; le brave *La Villate* était là. Les Français affluent à Kirchberg; et l'exil a ses Tuileries, comme les Tuileries leur exil.

Le lendemain matin, au chevet du lit de monseigneur le duc de Bordeaux, je lisais mes vieilles légendes; mais elles ne me paraissaient plus aussi intéressantes que de coutume ; et, bien que je fusse fier et heureux des éloges et des remercîmens que daignait m'adresser l'illustre blessé, je ne trouvais plus alors mes récits ce que j'aurais voulu qu'ils fussent. J'étais devenu pour eux d'une exigence impitoyable ; il me semblait qu'il aurait fallu, là, une lecture de chef-d'œuvre. Et, telle est l'humaine nature : le *bien* ne m'eût pas contenté, le *mieux* ne m'aurait pas suffi.

Le soir, au salon de Kirchberg, sortant de la table royale, je recommençai mes lectures. Quelle reconnaissance ne devrai-je pas éternellement à mes chroniques d'Allemagne pour les suffrages qu'elles m'obtinrent ! Je lisais chaque soir pendant que *Marie-Thérèse* et ses dames travaillaient. C'était une vie de château ; et néanmoins, en ce château, à mœurs hospitalières et simples, on se sentait, l'âme élevée, sous une atmosphère royale. Oh ! qu'il me paraissait flatteur de voir la ravissante figure de S. A. R. *Mademoiselle* s'égayer ou s'attrister, alternativement, sous l'impression de mes tableaux ! Ses beaux cheveux blonds, son sourire doux et fin, le suave éclat de ses yeux m'offraient un modèle de grâces. Ailleurs, j'avais essayé d'en inventer, ici j'en trouvais un véritable ; et je n'avais qu'à copier.

Je retournais chaque matin auprès de HENRI DE BOURBON, et j'y portais mes manuscrits. Kirchberg a de beaux jardins, des alentours remarquables et un parc magnifique : je n'en ai rien regardé ni rien vu. Vient-on à Kirchberg pour autre chose que pour porter son hommage dévoué aux pieds des augustes proscrits? M'eût-il été possible d'aller froidement contempler des eaux, des bois et une nature quelconque, lorsque j'avais devant moi ce que la terre peut offrir de plus sublime à l'observation de l'homme : la royauté dans le malheur, la vertu dans les épreuves, la résignation dans l'exil, et, malgré les douleurs passées, la foi dans les destins à venir? Il est peu de nuits sans étoiles. Qu'elle est brillante, à l'horizon, celle qui rayonne à Kirchberg !

Les journaux de Paris, à cette époque, annonçaient que *l'ordre le plus parfait* régnait sur tel et tel point de la France. Cela signifiait qu'il y avait, ici et là, des bouleversemens et des émeutes. Ils apportaient la nouvelle que l'on avait tiré sur les fils de Louis-Philippe ; et ils criaient *anathème* sur les fauteurs d'un pareil *crime*. Hélas ! et je me rappelais avoir ouï les coryphées de quelques unes de ces mêmes feuilles, glorifier les émeutes, les trahisons et le *régicide*. Insensés ! ils avaient hissé sur le pavois les principes révolutionnaires, élevé des monumens de gloire aux enfans de l'anarchie, faussé toutes les idées d'ordre et de justice, dénaturé le sens de tous les mots d'honneur et de vertu ; et, génies de la destruction, ils venaient se poser en apôtres de la morale!... Mais, en fait de meurtre royal, et selon leurs propres maximes, qu'est-ce réellement que *le crime?* c'est manquer l'attentat : voilà tout.

Que je voudrais pouvoir mettre ici, en opposition aux discours sophistiques et trompeurs des nourrissons de la révolte, les paroles pleines de franchise et de loyauté que j'ai entendues s'échapper du cœur de Henri de France!... Je remarquai avec admiration, mais sans surprise (car à Kirchberg rien de ce qui est beau n'étonne), que jamais aucun membre de la famille exilée des Bourbons ne parle ni ne laisse parler contre qui que ce soit en matière politique. On dirait que cette noble famille ne s'est vu aucun ennemi en France, que pas une ingratitude ne l'y a accablée, qu'elle n'a eu à y souffrir que des adversités du sort, et que le beau royaume de Louis XIV ne fut jamais coupable envers elle. Le jeune prince, élevé dans ces hautes idées de générosité, d'abnégation et de vertu, ne sait ce que c'est que la haine, et ne comprend pas la vengeance. Les seuls sentimens qui dominent au fond de cette âme toute française : c'est *la gloire et la liberté ;* on les voit rayonner dans ses yeux ; et l'on se dit à cet aspect, ne pouvant se défendre d'une sorte de fierté nationale : « C'est bien là *un vrai fils de France !* »

Le duc de Bordeaux, sur son lit de douleurs, n'a pas permis que la souffrance disposât seule de son temps. Je l'ai vu continuer études et travaux en dépit de la torture où le tenaient ses appareils. Forcé de s'interdire tout mouvement lorsque sa nature de feu ne peut supporter le repos, il était constamment maître de lui. Il subjuguait sa volonté, comme il commandait à ses maux. Tout lui profite jusqu'aux peines.

Un besoin d'aimer et d'être aimé, l'instinct d'une destinée d'héroïsme et d'amour, éclatent sur ce large front que jamais ne sillonna une pensée déloyale. On serait tenté d'affirmer en le regardant que, pour la gloire et le bonheur des nations, il serait à désirer que chaque prince souverain reçût, comme lui, l'éducation de l'exil et les leçons de l'infortune ; mais il est vrai que, sur ce terrain, toutes les âmes ne sauraient pas, comme celle de Henri de France, s'élever plus haut que le sort et se frayer des voies immortelles.

Sa profonde et solide instruction ne l'a pas empêché de cultiver les arts. Plein d'imagination et passionné pour le beau, il étudie de loin les progrès de la science et des lettres dans sa patrie. Il connaît toutes les célébrités françaises ; il suit avidement leurs travaux ; il est fier de leurs succès comme s'il en était solidaire ; il n'éprouve qu'un seul regret, c'est de ne pouvoir y aider. Il tendrait si noblement la main à tous les vrais mérites, lui qui ouvre si loyalement son âme à tous les sentimens élevés ! Jeune d'émotions et d'idées, sans préjugés ni méfiances, jeune de franchise et de cœur, c'est la belle France nouvelle, la France pure, grande et sans tache.

Quant à sa sœur *Mademoiselle*, S. A. R. ne s'est pas contentée d'être une des plus jolies personnes de son temps; elle joint l'instruction à la grâce; de plus, elle est parfaite musicienne et peint avec un rare talent. Un jour, passant devant une grande planche noire sur laquelle Henri de France avait tracé des lignes scientifiques, elle y dessina une contredanse. On l'y a laissée, je l'ai vue. Rien de plus gai, de plus malin, de plus spirituel et de plus coquet, que ce petit croquis fait tout simplement avec de la craie blanche!... Les figures et les poses sont pleines d'originalité, bien que tracées en courant et sans aucune prétention. Un maître s'en ferait honneur.

Quoi de plus admirable et de plus touchant que le tendre dévoûment de *Mademoiselle* pour son frère! « — *O mon Dieu!*

» disait-elle aux premiers jours du fatal
» accident de Henri de France : *Que faire*
» *pour le distraire de ses douleurs ?* —
» *Porte-moi chaque matin*, lui dit le prince,
» *un dessin de ton invention.* » S. A. R. le
promit. Depuis ce temps, elle passait une
partie de la journée à rêver quelque aquarelle intéressante, à imaginer quelque piquante composition ; et chaque matin,
pendant plus de six semaines, elle apportait son travail à son frère. C'est un petit
recueil de chefs-d'œuvre : et quel trait d'amour fraternel (1) !

Que les beaux jours s'écoulent vite !...
celui des adieux arriva. *Louis-Antoine* et
Marie-Thérèse daignèrent m'adresser, avec

---

(1) Le duc de Bordeaux, pendant mon séjour, lui avait demandé une vignette sur la principale scène d'une des *Nouvelles* que je lui avais lues. Si cette vignette fait partie de la collection dont je viens de parler, que j'en aurais d'orgueil pour mon livre !

leur bonté habituelle, les paroles les plus flatteuses, au moment où je pris congé d'eux. Oh! que je m'arrachai douloureusement à ce palais de l'exil, où j'avais vu tant de grandeur et où restait tant d'avenir!..... Ceux qui voudraient, en France, mettre hors la loi les souvenirs et les regrets, désireraient que le royaliste fidèle n'entrât à Kirchberg que comme dans l'enfer du Dante, laissant son *espérance* à la porte. Eh bien ! qu'ils y aillent eux-mêmes! qu'ils y entrent! et, en sortant, ils y laisseront peut-être *la leur*. Alors, nous pourrions nous entendre.

GRATZ ET BRUNNSÉE.

CHAPITRE II.

GRATZ ET BRUNNSÉE.

Gratz est une ville animée, riante et poétique. Cette belle capitale de la Styrie est située sur la *Mur*, au milieu d'une immense vallée entourée de hautes montagnes. A l'une de ses extrémités s'élève une espèce de rocher à pic, nommé le *Schlossberg*, au sommet duquel est la citadelle qui domine la ville et d'où se déroule un panorama enchanteur : d'un côté le magnifique château d'*Enkenberg*, de l'autre les belles ruines de *Gesting*; ici les flèches de l'église renommée de *Maria Trost* où la contrée va en pèlerinage; là, la résidence pleine de souvenirs de l'infortuné duc d'Enghien; plus près, les beaux jardins du comte de *Herbersdorf* : de toutes parts des vues ravissantes.

Je m'étais rendu à Gratz vers le milieu de l'automne. La citadelle de cette ville eut beaucoup à souffrir en 1809, quand les Français s'en emparèrent; cependant il en existe encore une partie. La grande tour de *Scebenerthorn*, où est la fameuse cloche qui ne sonne qu'à sept heures, n'a point été renversée, bien qu'elle fût au moment de sauter par ordre de Macdonald (1). La tour carrée de l'horloge, avec ses quatre cadrans gigantesques qui, de tous côtés, donne l'heure aux habitans du pays, est en-

(1) On prétend à Gratz qu'elle fut rachetée et sauvée au prix de 60,000 florins.

core debout (1). Je considérai ces deux monumens avec un vif intérêt, car l'histoire dramatique de *Buankirque* était présente à ma mémoire. On me l'avait ainsi racontée.

LA CLOCHE DE SEPT HEURES.

Buankirque, né gentilhomme, était plein de courage et d'honneur ; mais il ne supportait patiemment aucun joug ; il ne s'astreignait volontairement à aucune domination. L'obéissance a pourtant sa dignité comme le commandement. Par malheur, ce n'était pas l'opinion de Buankirque ; il n'aimait que l'indépendance ; il n'attachait de prix qu'à la célébrité ; et ces deux trompeuses monnaies, les plus vaines de toutes celles d'ici-bas, lui semblaient les seules à

(1) Ces quatre cadrans, tournés vers les quatre points cardinaux, ont de douze à quinze pieds de diamètre : on y regarde et on y voit l'heure à des distances énormes.

ambitionner. Elles devaient le conduire à sa perte.

Une action d'éclat avait signalé le début de sa carrière. L'empereur Maximilien I⁺, tombé dans une embuscade aux portes de Neudstadt et environné d'ennemis, était sur le point de périr, quand soudain, accouru à son aide, Buankirque, l'épée à la main, avait mis les traîtres en fuite. Son prince lui devait la vie.

Il faut plus d'élévation d'âme, peut-être, pour conserver une profonde reconnaissance que pour pardonner une grave injure. L'empereur, selon les chroniques du temps, ne s'attacha point à son libérateur. Il perdit de vue le service ; il se souvint à peine de l'homme. Buankirque, lui, n'oubliait rien.

Tout à coup il éclate une révolte contre Maximilien, dans les montagnes de la Styrie. Elle grossit et s'étend. Un vaillant capitaine est à la tête de l'insurrection, et ce capitaine est Buankirque.

Il a été armé par la haine, il est guidé par la vengeance. Mais s'il a la puissance qui brise, il lui manque celle qui crée. Il détruit sans remplacer, et sans édifier il renverse. De tels phares s'allument pour éblouir: rayonnent-ils pour éclairer!

Les progrès du chef rebelle avaient été si rapides, que déjà la terreur s'emparait des troupes impériales. Le souverain de la montagne a voulu l'être aussi des vallées. Il assiége la capitale de la Styrie, et tout fuit au nom de Buankirque.

Le commandant de Gratz, n'osant plus compter sur la victoire, demande à traiter avec les factieux. Une trêve est jurée entre les camps ennemis. Les propositions du chef des insurgés sont soumises à l'empereur. On espère qu'à certaines conditions il pourra mettre bas les armes : Que répondra Sa Majesté ?

On attendait la décision de Maximilien. Buankirque, dans cet intervalle, a fait demander au gouverneur de la place assiégée un sauf-conduit pour aller passer quelques instans, en secret, dans l'intérieur de la ville. Il a là une fiancée, une jeune fille qui l'aime. Sa bien-aimée l'appelle et l'attend; il veut la voir : ne fût-ce qu'une heure.

Le *sauf-conduit* est délivré. On lui ouvrira les portes de Gratz à cinq heures de l'après-midi. Mais ce *sauf-conduit* n'est accordé que sous une condition expresse : c'est qu'au moment où la *cloche* du soir sonnera *sept heures* à *Schebenerthorn*, Buankirque sera hors de la ville. S'il y manque : malheur à lui!

Le victorieux rebelle, monté sur son coursier de guerre, s'achemine vers la cité. Il est beau de vaillance et d'orgueil. Un grand cœur, la plupart du temps, ne met pas l'homme au niveau de l'humilité : il le place au dessus de la modestie. Buankirque étalait sans nécessité sa supériorité personnelle devant les natures inférieures. C'est de tous les modes d'insulte et de tous les genres de cruauté sociale, celui qui se pardonne le moins. Buankirque avait l'habitude insouciante de n'épargner aucun amour-propre; aucun amour-propre, plus tard, n'épargnera Buankirque à son tour.

Le chef est chez sa fiancée. La ville entière est en émoi. Dans les conférences qui avaient eu lieu, précédemment, entre le commandant de la place et le héros des montagnards, ce dernier, selon sa coututume, avait laissé tomber sur les principaux officiers de la garnison, l'altière expression de ses dédains. Stéphen, l'un d'entre eux, les rassemble.

« — Amis! Buankirque est sous nos murs, dit le guerrier vindicatif. Vous rappelez-vous avec quel regard de pitié l'insolent factieux nous toisait, alors que se signait la trève et que nous entourions notre chef! Camarades! à notre tour! Le traître, tout à ses amours, peut oublier l'heure fixée. Soyez, au coup de cloche fatal, à la porte de *Wasserthor*. Si le rebelle y passe trop tard, qu'il périsse!

» — Oui, qu'il périsse ! »

Le cri a été unanime.

Stéphen quitte ses compagnons. Il vole au rocher de *Schlossberg* ; il monte à la tour de l'horloge et parle au gardien de ce poste. Celui-ci frémit d'abord de ce qui lui est demandé. Il refuse : Stéphen insiste. Stéphen l'emporte : il a de l'or.

Que les momens passent rapidement auprès de ce qu'on aime ! Jamais *Céline*, la fiancée de Buankirque, n'avait paru si attrayante à son amant. Ce qui entourait le front de la jeune fille, c'était plus que la pudeur, l'innocence et la grâce ; mieux que l'esprit, le talent et la beauté : c'était le calme d'un cœur pur, la sainteté d'une âme chaste. La brûlante organisation du rebelle se rafraîchissait à cette source pure. Il redevenait doux et généreux devant cette image de mansuétude et de bonté. La vertu a ses communicatives haleines, comme l'immoralité son souffle contagieux.

« — O Buankirque ! disait Céline : hors

la justice, point de gloire véritable ! Hors l'honneur, point de jours sereins ! »

Buankirque était tombé à ses pieds.

« — Enchanteresse ! guide-moi ! qu'ordonnes-tu ?

» — Mets bas les armes !

» — Devant toi, tant que tu voudras.

» — Devant l'empereur, mon ami.

» — Ce n'est plus, pour moi, qu'un ingrat.

» — Veux-tu n'être, pour moi, qu'un traître ! »

Bien des momens s'étaient déjà passés dans ces tendres contestations où, peu à peu, sous les prières de l'amour, s'éteignait le cri des vengeances. Le chef des insurgés porte ses regards vers la fenêtre qui donnait sur la citadelle. La tour carrée de l'horloge, avec son cadran gigantesque, était en face de lui. Malgré sa passion pour Céline, il calcule en secret le temps. Il doit être près de sept heures.

Buankirque se lève agité.

«—Qu'as-tu, mon ami? dit Céline. Il n'est encore que six heures. Voudrais-tu déjà me quitter ?

»—Non : mais, exact et ponctuel...

»—Regarde le cadran de la tour !

»—C'est singulier ! le croiras-tu ! ce cadran, depuis quelques instans, me fait l'effet d'être immobile...

»— Les heures vous paraissent longues, interrompt la jeune fille en essuyant une larme qui roulait sous sa paupière.

» — Ah! Céline! quelle injuste parole ! »

Et le guerrier n'est plus qu'à elle, et le temps continue à fuir.

«— Voyons! dit tristement la fiancée en regardant à son tour l'horloge ; il faut nous séparer : c'est l'instant. »

Un cri horrible lui échappe. Une main intérieure a tout à coup fait tourner l'aiguille du cadran avec un mouvement rapide, et l'horloge marque *sept heures*.

«—Trahison ! s'écrie le rebelle. »

Il s'élance à pas précipités hors de la maison de Céline. Il est trop tard. La cloche sonne.

Buankirque est déjà à cheval. Plusieurs soldats fondent sur lui ; ils ont ordre de l'arrêter. Le vaillant chef tire son glaive ; il combat, renverse et s'échappe.

Une foule ennemie s'amassait. Il se fait jour, il la traverse, et, sur son coursier au galop, il arrive à *Wasserthor*, la principale sortie de la ville. Elle est ouverte des deux côtés ; il se précipite sous ses sombres voûtes : on l'a laissé entrer sans obstacle. Mais soudain quel sinistre bruit ! devant lui retombe une herse, et derrière on ferme les portes. Il est captif, il est perdu.

Buankirque, assailli de toutes parts, et sans aucuns moyens de salut, est renversé, saisi, désarmé. Point de miséricorde pour lui. Ce n'est pas un cachot qui va s'ouvrir : c'est une tombe. On ne lui fera point de procès, on ne lui signifiera point de jugement : on l'égorgera sans pitié. Buankirque est entouré d'assassins.

« — *Grand* homme ! lui crie Stéphen d'une voix moqueuse : quelque *petits* que nous soyons, ton front va se baisser devant nous. »

La tête du chef est tranchée, et, sous le rire des bourreaux, elle roule sur la poussière (1).

L'empereur Maximilien apprit ce meurtre avec une véritable douleur. D'après son ordre souverain, la fameuse cloche de la tour de *Schebenerthorn* ne sonna plus jamais que *sept heures*; et le soir, à ce lugubre moment, la ville, récitant une oraison de repentir en expiation du forfait, devait prier Dieu pour Buankirque. L'usage s'en est

---

(1) Cette mort mit un terme à l'insurrection. Le siége de Gratz fut levé et les rebelles se soumirent. La porte où fut décapité Buankirque, est aujourd'hui entièrement détruite.

perpétué ; j'ai entendu le son de la cloche :
il était sept heures précises.

J'étais arrivé à Gratz avec le jeune comte
Charles de Meffray, écuyer de MADAME,
duchesse de Berry. S. A. R., à cette époque,
était à son château de Brunnsée. Nous fûmes au palais que la princesse habite à
Gratz l'hiver, et je parcourus cette belle
résidence avec une vive émotion. Là, j'aurais pu me croire encore aux temps heureux où la noble duchesse de Berry était
la protectrice des arts à Paris. Là, tout rappelait le beau royaume des héritiers de
saint Louis. S. A. R., pour tromper les
douleurs de l'exil, s'y est entourée de tous
les souvenirs de la France ; je retrouvais
dans ses appartemens, les meubles, tapis,
vases et tableaux de Rosny ; les œuvres de
nos artistes en tous genres y ont leur place
marquée au premier rang. La royale pros-

crite a voulu vivre ; comme dans ses jours prospères, au milieu des gloires françaises ; et ces gloires, qui l'environnent, lui rendent à leur tour le bien qu'elle leur faisait naguère, en venant chez elle aujourd'hui jeter quelques rayons consolateurs sur les nuits du bannissement.

Tout ce qui se publie en France, livres, gravures, musique, lithographies, journaux, etc., etc., part à l'instant pour Gratz ou pour Brunnsée. Ses ameublemens sont de France ; ses domestiques, de France ; ses voitures, de France ; ses vêtemens, de France ; toujours, toujours de France. Ce nom sort constamment de ses lèvres ; car c'est la pensée fixe de son esprit, le cri continuel de son cœur. Aussi, chez elle, grâce aux touchantes illusions dont elle a fait les nécessités de sa vie, les distances semblent brisées. Sa *belle patrie adoptive* y est comme accourue à sa voix ; on y respire ses parfums, ses inspirations, ses coutumes, son génie, et en quelque sorte son ciel. Là, le pèlerin, que la princesse accueille, se croit non pas où il se trouve, mais où Madame devrait être (1).

Ses salons et ses galeries m'offraient une foule de raretés élégantes et de précieux souvenirs. J'y distinguai ces trois objets :

1° Les étriers d'Henri IV, en or massif ;

2° L'épée de François Ier, richement ornée de pierreries et ayant la salamandre à sa garde ;

3°. Un des souliers qu'avait Louis XIV, à son sacre ; il est de brocard d'or semé de

---

(1) Voici quelques uns des noms que j'ai remarqués, en passant, dans sa bibliothèque : Victor Hugo, Lamartine, Casimir Delavigne, Balzac, Frédéric Soulié, Alexandre Dumas, Roger de Beauvoir, Charles Nodier, Alfred de Vigny, Merle, Saintine, Michel Masson, Alfred Nettement, vicomte Walsh, de Genoude, Barante, Michaud, Alphonse Karr, Léon Gozlan, Thiers, Guizot Châteaubriand et beaucoup d'autres.

fleurs de lys en argent. Le talon de ce soulier est peint par *Lebrun*.

Un tableau, représentant Sully au tombeau d'Henri IV, me fit venir les larmes aux yeux. La fidélité à ses princes est chose si touchante et si rare! et pourtant, j'en ai eu la preuve, il est encore de nobles cœurs. Kirchberg et Brunnsée ont de nombreux pèlerins. L'exil et l'adversité ont leurs cours; et qu'il reparaisse un *Henri IV*, on pourra revoir des *Sully* (1).

(1) La salle à manger du palais de *Madame*, à Gratz, a un beau tableau de Louis XVI, par *Rigaud*, et un autre de Louis XV enfant, par *Vanloo*. Une tapisserie des Gobelins, représentant Henri IV chez Michaud, me fit un plaisir extrême. Le plus beau paravent en laque que j'aie vu de ma vie est chez *Madame*. Il y a là une table en porcelaine de Sèvres d'un prix inestimable; on y voit une foule de portraits en pied des rois, héros, princes et princesses qui firent la gloire de la France. Il s'y trouve aussi les armoiries de la princesse.

Un jour le vicomte Edouard Walsh disait à MADAME, duchesse de Berry :

« — V. A. R. a si bien arrangé sa de-
» meure, qu'elle doit s'y être attachée.

» — *Attachée !* répliqua la mère d'HENRI,
» comme un soldat à sa tente, pas davan-
» tage. J'aime le comfortable, mais ce que
» j'aime mieux encore : c'est... *faire ce que*
» *je dois.* »

La générosité est, comme le courage, une des hautes vertus de MADAME. Aucun sacrifice ne lui coûte pour soulager les Français malheureux; tous ceux qui lui ont été signalés comme tels ont des secours et des pensions. L'hiver dernier, la princesse, au moment d'une réception, s'était parée de es bijoux; une demande lui arrive en faveur d'un infortuné : « — *Vite de l'argent!* s'é-crie-t-elle; » mais la caisse, en ce moment, se trouvait vide ; la princesse, aussitôt, arrache le beau collier qu'elle portait :
« Ce collier m'étranglerait, reprend-elle,
» si je le gardais quand des Français man-

» quent de pain : qu'on le vende et qu'ils
» aient l'argent ! »

Je remarquai, parmi les dessins qui se trouvaient sur la table ronde de son salon, le portrait d'une petite chienne, nommée *Foolish*, que son S. A. R. avait beaucoup aimée en France. Au bas de ce croquis fait par un courtisan adulateur, on lit : *pas plus fidèle que moi.* Signé : *Ferdinand-Philippe d'Orléans, juin* 1828.

Je ne restai que deux jours à Gratz ; on m'y entretint beaucoup d'un riche hongrois nommé *Fertetier* mis en interdit par sa famille, vu que, dans ses bizarres caprices, il ne voulait rien que par douzaine : douze chevaux, douze repas, douze montres, douze mouchoirs, etc. Un jour on lui parlait d'une maîtresse à prendre. « — J'en veux douze, répondit-il. »

Je pris la route de Brunnsée ; je n'avais qu'un désir et qu'une pensée : revoir l'auguste mère d'HENRI DE FRANCE.

J'arrivai au beau château de madame la duchesse de Berry, le jour anniversaire de la naissance de monseigneur le duc de Bordeaux. Brunnsée est un vaste domaine où S. A. R. est adorée et bénie. Protectrice de tout ce qui a besoin d'aide et de consolation, de tout ce qui souffre, elle est la providence du pays. Le manoir est immense. Il a, indépendamment de ses salons et galeries, près de cent chambres à coucher ; et tous ces appartemens sont meublés avec autant de goût que d'élégance. Quel bonheur j'éprouvai en y retrouvant ce qu'on cherche inutilement en Allemagne : un bon et grand lit de France, avec de larges draps et d'amples rideaux (1) ! Qu'on est bien sous les

---

(1) Les draps sont si courts et si étroits en Allemagne qu'on peut à peine s'en couvrir. *Le rideau* est un luxe à peu près inconnu.

murs de cette résidence monarchique, où l'auguste fille des lys accueille les pèlerins de la royauté avec la grandeur d'une noble princesse et la simplicité d'une gracieuse châtelaine, avec la splendeur des temps nouveaux et l'hospitalité des âges anciens ! Que je me reposais délicieusement des fatigues d'un long voyage dans cette région de paix, de délicatesse et d'urbanité ! Là, ni découragement ni crainte ; on y attend avec confiance la justice de Dieu. On n'y maudit point ses ennemis, on se contente de les plaindre. Enfin là, de gré ou de force, il faut être bon, et on l'est.

Le soir, à souper, S. A. R. *Madame* porta la santé de son auguste fils, né le 29 septembre, sous les auspices de l'archange qui terrassa l'esprit du mal. Je n'ai pas besoin de dire avec quel enthousiasme nous répondîmes à l'appel (1). A table étaient le

---

(1) S'il est des dates d'heureux présages, il en

comte de Luchesi-Palli, le comte et la comtesse de Meffray, avec leurs deux fils, la comtesse de Quesnay, la comtesse de Pont-Bélanger, le baron et la baronne de Bouchemann, le vicomte et la vicomtesse de Forestier, le chapelain du château, plusieurs gentilshommes du voisinage et moi. La soirée fut d'une gaîté charmante. Un escamoteur habile y était avec une cage pleine d'oiseaux savans. Ses petites bêtes, aussi jolies qu'étonnantes, eussent été brûlées jadis comme sorcières. On leur demanda de vouloir bien dire quel était le jour de la semaine et le quantième du mois : l'une d'elles s'approcha d'un vase plein de cartes sur lesquelles il y avait, en lettres imprimées, *lundi*, *mardi*, etc. ; le tas de cartes était énorme. L'oiseau les remue avec son bec, et il en tire *mercredi* : l'oiseau ne s'était

est aussi de singulièrement funestes. Qui n'a remarqué que le jour du cruel accident de monseigneur le duc de Bordeaux, était *le 28 juillet!*

pas trompé. Devant lui on place quatre cents autres cartes : celles-là portaient chacune un chiffre différent. La petite bête prend 29 ; puis, courant à un paquet de billets blancs où on avait mis : *janvier, février, mars,* etc., l'oiseau s'envole avec *septembre* et vient le présenter à *Madame*.

L'escamoteur continua. Il fit choisir à S. A. R. un petit carton blanc sans figures, parmi trois cents du même modèle, et la pria d'y tracer quelque chose au crayon pour pouvoir le reconnaître entre tous. La princesse le fit. Le carton fut jeté et mêlé parmi les autres. L'oiseau, sorti de sa cage, y fouille avec son bec ; cherche longtemps d'un air inquiet et pensif ; puis tout à coup, joyeux, bat des ailes : il venait de trouver la carte. C'était bien celle de Madame ; elle y avait écrit *Ida*.

La vie de château, à Brunnsée, est une suite continuelle de plaisirs variés. Le matin chacun déjeune dans sa chambre et se livre à ses occupations jusqu'au dîner. Alors, à la belle saison, commencent les parties de campagne et les promenades. Des calèches à quatre chevaux sont attelées ; on fait des excursions dans les montagnes ; on organise des chasses. La jeunesse a ses cavalcades. Tout est vie, mouvement et fêtes.

Que diraient nos pauvres chasseurs de France, qui s'évertuent un jour entier pour rapporter une caille, s'ils voyaient le gibier de Brunnsée ? A une chasse, où madame la duchesse de Berry avait convié le jeune archiduc d'Autriche *Albert*, on fut au bois de *Brillingshof*; et, dans la matinée, il y fut tué quatre cents lièvres, plus de cent cinquante faisans, quelques renards, et un sac plein de perdrix (1).

On ne sait ce que c'est qu'un *braconnier* à Brunnsée. J'ai vu des quantités de faisans fourmiller sous les jambes des villageois

---

(1) L'année dernière on tua à Brunnsée, dans la saison de chasse, six mille pièces de gibier.

sans y courir le moindre risque. Pas un paysan n'en tuerait un, fût-il mourant de faim sous son toit. Il est vrai que, dans ce dernier cas, un vol ne serait pas nécessaire; il saurait où trouver des vivres. Le château de Brunnsée est là, et la princesse est au château.

Le dimanche il y a messe à la chapelle. Cette enceinte religieuse est décorée avec soin. On y voit des tableaux saints que S. A. R. Mademoiselle a peints avec un rare talent. On y joue de l'orgue et on chante. Une haute tribune, en face du maître-autel, est pour les habitans du manoir. La princesse a la sienne à part. Le peuple d'alentour est en bas. C'est tout-à-fait *chapelle royale*.

La seigneurie de Brunnsée a quatorze lieues de tour et vingt-deux mille vassaux. La féodalité existe encore en Autriche, mais elle n'est pesante que pour les seigneurs; elle est un débarras en administration pour le gouvernement impérial ; et, pour le pauvre, elle est non seulement un pouvoir sans oppression, mais une autorité tutélaire. Les seigneurs, étant responsables des impôts, paient à la place du vassal quand ce dernier ne peut le faire. Ils sont chargés des postes, des tribunaux, des affaires municipales et de la police du pays. L'État n'a tout simplement qu'à encaisser les recettes, sans frais, sans bureaux, sans travail. Le seigneur en a seul l'ennui ; c'est une ruine parfois, c'est continuellement un tracas. Le paysan, s'il a à se plaindre d'une vexation, a le droit d'en appeler d'abord du tribunal de son village au grand tribunal de la province, et ensuite à l'empereur lui-même. De pareils appels sont bien rares : le seigneur tient à honneur et gloire d'être le père de sa contrée. Aussi n'y voit-on ni cachots ni maréchaussée. C'est dans ce pays de soi-disant *despotisme* qu'il faut aller chercher la *liberté*. Les chaumières y offrent l'aspect de l'aisance et du bonheur ; il n'y est question ni de gazettes ni de politique; on n'a pas idée d'une émeute; et s'il est quelque chose d'enchaîné qui ne s'évertue ni ne bouge, c'est *l'esprit révolutionnaire*. Mais nul ne songe à l'affranchir.

Heureuses journées de Brunnsée! vous passâtes comme l'éclair. Oh! que je savourai délicieusement ces heures de promenade, où marchant à côté de S. A. R. *Madame*, je l'entendais parler *France* et *Bretagne*! Jamais ni menaces ni fiel. Elle a oublié les perfidies et ne se souvient que des dévoûmens. J'ai tenu entre mes mains le poignard qu'elle avait à sa ceinture lorsqu'on la conduisit à Blaye : on n'osa le lui arracher. J'ai touché le pistolet qui ne la quittait point en Bretagne : on ne parvint point à le lui prendre. *Madame* ne fut que trahie; et, livrée sans être vaincue, elle ne rendit point les armes.

Que de traits touchans en Vendée ! Forcée de fuir devant l'ennemi après le combat du Chêne, la duchesse de Berry avait traversé, toute une nuit, les bruyères et marais de la Bretagne. Il pleuvait à torrens pendant ce long et pénible trajet ; mais elle n'avait ni senti la pluie, ni redouté les périls, ni plié sous la fatigue. Le baron de Charette et autres serviteurs dévoués étaient près d'elle. Trois frères vendéens les guidaient. Ils arrivent, après sept heures de marche forcée, à une ferme solitaire ; et là, la princesse s'arrête. Un des guerriers de son escorte, en faction devant la demeure, s'aperçoit alors qu'un des paysans vendéens a disparu. L'inquiétude le saisit. Les deux frères du villageois ont beau soutenir qu'il n'y a jamais eu de traîtres parmi eux : l'alarme commence à s'étendre. Bientôt le point du jour se montre, de nouvelles heures s'écoulent, et l'*absent* n'a pas reparu. Chacun tremble, excepté *Madame*. Elle a vu la trahison dans les palais, elle n'en a jamais trouvé dans les chaumières.

Un bruit de pas retentit : le Vendéen rentre à la ferme. Il a une lanterne à la main. Qu'a-t-il donc fait toute la nuit ? il est épuisé de fatigue. Un de ses frères court à lui.

« — D'où viens-tu ? Parle ! ou je te tue !

» — L'ennemi poursuivait *Madame*, répond tranquillement le Breton. Nos pieds, à nous, le long du chemin, ressemblent à ceux de tout le monde ; mais le joli petit pied de *Madame* ne ressemble à celui de personne. Il devait nécessairement la trahir et indiquer notre route. J'ai donc recouru, cette nuit, par tous les endroits où nous avions passé, et, bien qu'il plût à verse et que le ciel fût horriblement noir, je suis parvenu, ma lanterne à la main, à mettre mes gros pieds, sur le sol, dans tous les petits pieds de *Madame*. »

Quelle tâche ! et quel dévoûment !

Brunnsée a d'immenses souterrains qui communiquent à un second château que possède S. A. R. à environ une demi-lieue (1); mais ces ténébreuses allées sont défendues et fermées. Les lumières n'y brûlent pas, et l'on ne peut en parcourir l'étendue. De là, mille bruits merveilleux. On assure qu'il y règne un grand serpent, contemporain du déluge, qui n'a jamais bu d'eau depuis sa sortie de l'arche, et qui ne s'en porte que mieux. Ce serpent siffle toutes les fois qu'il doit arriver quelque abomination, n'importe où. Il s'égosilla en *juillet :* je n'ai pas besoin de dire l'année.

Les grands appartemens de *Madame* sont, à Brunnsée comme à Rosny, de véritables

---

(1) Elle y a placé sa chancellerie et toutes les administrations de ses domaines seigneuriaux. Ce château s'appelle Weimburg. Il est dans une belle position, et d'architecture un peu mauresque. Le parc est peuplé de daims qui s'y promènent par troupeaux.

musées (1). J'y remarquai un charmant tableau de *Mademoiselle*, représentant Louis XI recevant saint François-de-Paule. La bibliothèque de S. A. R., qui est considérable, a d'antiques et curieux manuscrits (2). Puis, que de meubles de *Boule*! de vieux laques et de chinoiseries! Il y a de quoi remplir dix boutiques (3).

(1) Ce sont, pour la plupart, des productions d'artistes français qui y sont au premier rang. Mademoiselle Fauveau a là plusieurs de ses belles sculptures.

(2) Un de ces vieux manuscrits porte ce titre en caractères gothiques : « *Livre de chace, tant de venerie que faulconnerie du roi François I*er, donné par ce prince à l'amiral Bonivet. Le texte et les enluminures de cet enseignement de *chace* ont un grand intérêt. La salamandre est peinte toute brûlante sur le frontispice de ce volume. Là aussi est le livre d'heures de la fameuse reine *Jeanne de Naples*.

(3) S. A. R. a des bahuts du plus grand prix, sculptés par Jean Goujon. J'ai vu dans l'appar-

A propos de *rococos*, de *moyen-âge* et de *bijoux antiques*, il me fut raconté, par la princesse, que la passion de ces raretés était devenue si forte en Hongrie, depuis plusieurs années, qu'on y avait vu des gens déterrer leurs ancêtres pour leur enlever les colliers et joyaux avec lesquels on les plaçait dans le tombeau, selon les anciennes coutumes. Ils se pavanaient ensuite au soleil avec ce larcin fait à la nuit éternelle. Un jour, *Madame*, voyant au cou d'un jeune homme un collier *gothique* admirablement travaillé, lui dit : « — Cela appartenait sans doute à un de vos aïeux ? — Madame, » répondit en rougissant le Hongrois déconcerté, mais plein de franchise, « il était à ma grand'tante; elle l'avait emporté avec elle au caveau de la famille. On m'a conseillé de le lui reprendre; j'ai hé-

tement, occupé ordinairement par monseigneur le duc de Bordeaux, un médaillon où sont les cheveux de la mère de Henri IV.

sité, je l'avouerai ; mais enfin , mon parti étant pris, je l'ai soulevée bien doucement, avec tous les égards, le respect et la délicatesse possibles , et le bijou m'est revenu. Du reste, aucun dérangement n'a eu lieu ; elle ne s'en sera pas aperçu. Au fait, le collier se gâtait , et il ne lui servait à rien.»

Madame a voulu aussi que ses propres travaux figurassent à Brunnsée. Je ne pus revenir de ma surprise en contemplant le nombre et la beauté des meubles en tapisserie qui y sont l'ouvrage de ses mains (1). S. A. R., en montrant les objets d'art de son château, ne laisse jamais échapper l'occasion d'adresser d'aimables paroles à ses hôtes. Je regardais deux choses pareilles. « — J'aime les *semblables*, » me dit-elle ; et S. A. R. me raconta l'anecdote suivante :

La duchesse de Lévis, voyageant derniè-

---

(1) J'ai compté trois grands canapés, deux bergères, six fauteuils et dix-huit chaises. (Tout cela est monté en bois gothique.)

rement en Allemagne, arrive à Munich. Deux jeunes personnes, vêtues de noir, demandent à l'entretenir et tombent à ses pieds éperdues. « —*Ma mère ! ma mère !*» s'écrient-elles. La duchesse étonnée, les relève et les interroge. Une miniature, représentant celle qui avait donné le jour aux deux inconnues, est mise à l'instant sous ses yeux, et elle s'y reconnaît. Madame de Lévis court la montrer à son mari. « — *Votre portrait !* s'écrie le duc; *il est d'une ressemblance parfaite.* — Eh bien ! c'est l'image d'une autre. J'ai un second *moi*, je suis *double*. » La duchesse retourne auprès des jeunes filles qui s'enivraient en la regardant du bonheur de retrouver leur mère; elles n'étaient orphelines que *depuis peu*. Madame de Lévis prit les dates; elle avait été souffrante plusieurs années, et s'était vu bien des chagrins. Depuis quelque temps elle avait recouvré la santé, et ses tourmens étaient finis. Elle calcula les époques... Le culte d'*Ida* triomphait.

« *Adieu, beau château de Styrie !* » Ces mots étaient cruels à dire ; je venais d'avoir la preuve qu'à *Brunnsée*, comme à *Kirchberg*, le dévoûment est noté en caractères ineffaçables, et que les services y sont inscrits dans le cœur comme au livre le plus sacré.

J'avais parcouru les domaines de *Madame* ; j'avais entendu le concert de bénédictions qui s'y élève de tous côtés ; et, la veille de mon départ, je prenais congé d'elle le soir, quand S. A. R. se leva et fût chercher un *album* dans un de ses délicieux meubles en laque.

« — Vous allez partir, me dit-elle. Il me faut là un autographe. »

La plume était déjà à ma main, et, obligé d'improviser, je n'avais pas eu le temps de recueillir une seule pensée. Mon embarras était visible ; il est si difficile d'avoir de l'esprit tout de suite et à point nommé, de la verve à propos et à heure fixe ! Refuser serait discourtois. Le moindre retard devient marque d'incapacité. Je pris hardiment mon parti, et, au risque de tracer quelque sottise sur le papier, j'écrivis l'impromptu suivant ; ce fut mon adieu à *Madame* :

« J'ai vu dans son castel, astre consolateur,
» Celle dont la Vendée a gardé la mémoire :
» En *Bretagne*, elle était la *gloire* ;
» A *Brunnsée*, elle est le *bonheur !* »

www.ingramcontent.com/pod-product-compliance
Lightning Source LLC
LaVergne TN
LVHW051508090426
835512LV00010B/2411